JN418899

잊을 수 없는 날

잊을 수 없는 날

초판 1쇄 발행 2023년 8월 14일

지은이 이원문

펴낸이 임병천
펴낸곳 책나무출판사
출판신고 2004년 4월 22일 (제318-00034)

주소 서울시 영등포구 신길3동 325-70 3F
전화 02-338-1228 **팩스** 0505-866-8254
홈페이지 www.booktree.info

© 이원문 2023
ISBN 978-89-6339-712-2 03810

*이 책의 판권은 지은이와 책나무출판사에 있습니다.
*양측의 서면 동의 없는 무단 전재 및 복제를 금합니다.
*잘못된 책은 바꿔드립니다.

잊을 수 없는 날

이원문 시집

책나무출판사

목차

1부

2부

3부

4부

• 1부 •

친정 아버지

엄마에게
비밀로 했던
가야 할 운명의 길

벼르는 아버지
아버지 무서워
어떻게 집에가나

다음 다 다음 달
풀어야 하는 몸
아버지 이제 용서 하세요

칠월 그믐

음력으로 유월 그믐이면
양력도 칠월 그믐
기해년 유월 칠월
끝 무렵의 한달인가

그래도 첫 날은
긴 여름 꿈에 젖었는데
이래 저래 지나고 보니
끝 날이 짧어진다

무엇 하다 끝날인가
짧은 여름에 허무 하다
팔월에 접어들면
그 며칠 후 모두 보름

그 보름의 찬 바람
놓친 여름을 어찌 할까
여름이어도 시드는 여름
어디라도 다녀 올까

계획에 꽉 들어찬
일터에 빼앗길 시간
부끄러워도 나서 볼 마음
어느 곳을 찾아 갈까

찾아간들 찬 바람
발 담그려니 차가운 물
차라리 옛날 찾아
그 바다 찾고 싶다

송사리의 여름

초복의 설레임
중복에 앉히고
기다림의 말복에
매미 울음 얹는다

여름은 여름인데
느낌의 가을
어느덧 보내야 할
무더운 여름인가

말복 지나 서너날
그 서너날 지나면
이 무더위 꺾이고
아침 저녁 다르겠지

유화등의 추억

누워서 보는 별
볼 수록 더 많아지고
저 먼 은하수 옆
없던 별 반짝인다

은하수 길 따라
별자리 찾는 밤
눈 감았다 뜨면
어느 별이 더 나올까

댑싸리의 먼 들녘
유화등 가물대고
베짱이의 그리움
북두칠성 바라본다

여름 생각

셀 수 없어 짚어 보는 날
짚어도 몇몇 기억뿐
그 기억 마져 희미해져간다

짚어 보는 이 마음의
여름날에 가을날
그해 겨울 지나 봄은 없었겠나

괜스레 짚는 후회의 마음인가
마음의 그 상처 다시 들추는 듯
미움의 그날만 뚜렸이 떠 오른다

그렇게 떠나는 것을
왜 그리 미워 했었나
그것도 그럴 것이 그럴 수 밖에 없었다

그 미움이 모른 오늘이나
내가 모른 이 세월이나
모두가 지나고 보니 아무 것도 아닌 것을

내가 얻은 것이 무엇이고
남긴 미움의 것이 무엇인가
이 여름날 조용히 저녁 노을에 얹는다

노란 길목

이 산등성이에 올라
바라보는 산과 들
오를 때는 몰랐는데
오늘 따라 새롭구나

오늘이 끝이 될까
마지막인가
뜯어 문 풀이파리의 마음
어제에 매달리고

희망이 없는 다음
무엇을 바라보나
이 마음 굳히면
조용히 잠들 것인데

여기에서 굳힐까
희망을 찾아 갈까
나무 위 밧줄떼기
눈꺼풀 내리고

내린 눈의 작은 다음
희망 찾아 가자 한다
그 희망 찾아 갈까
굳힐 마음 굳힐까

한 몫에 모아지는
눈에 어리는 순간들
나 잃고 보는 세상
한 순간 스쳐간다

반딧불의 기억

멀건 수제비 한 그릇
기와집 할머니네는 쌀밥이었고
우리집 저녁은 수제비였다
내일은 보리밥 그 다음 날 또 수제비
이 여름날 하얀 쌀밥 언제 먹어보나
학교 가면 점심으로 강냉이죽 배급 받고

집에 오면 수제비 아니면 그 보리밥
그래도 배불러 마당에 나가면
서쪽 하늘 저녁 노을 밤베짱이 우는 소리
그러다 어두우면 논 넘나드는 반딧불
반딧불 바라보며 반딧불에 꿈 묻었고
별자리 찾으며 은하수 길 걸었다

눈시울

산 넘는 구름 따라
흐르는 세월
강물은 안 그런가
강물 따라 가는 세월

뒤 안 보는 구름이나
거스를 수 없는 강물이나
가는 세월에 얹힌 인생
돌아 보면 무엇 하나

한 번 가면 다시 못 올
저 구름 같은 인생
흘러 흘러 여기 이곳
나 여기가 어디인가

가야 할 남은 인생
병이 드니 가깝고
버드나무 바라보니
아직 더 먼 것 같구나

수수밭 길

웅크린 추녀 끝
어디로 가야 하나
불러도 대답 없는
우리 형아 간곳 없고

가려워 긁으면
잡히는 이 벌겋다
무엇을 뜯겠다고
이리 저리 스물대나

한 집 건너 두집
얻을만한 집인가
가 보면 문전박대
해 기울어 날 저물고

나 구경 하는 이
문 닫고 들어간다
이 밥통에 밥 한술
누가 나를 잡아 주나

하루는 있어도
내일이 없는 인생
이 빈 그릇 채우려
없는 내일 찾아 간다

개울 꽃

따뜻한 봄날
무더위의 여름날
낙엽 모이는 가을날에
눈꽃의 겨울도 있었다

양지녘의 봄꽃을
누가 보았겠나
무더위의 여름 꽃을
누가 보았고

물소리 매미 울음
가을 꽃 감추는 듯
흐르는 개울 물
눈꽃 피울 날에 주눅든다

시간의 늪

잠들어 모은시간
그 다음 하루 되고
그 하루 읽는 마음
단몽이 헤아린다

헤아린 그 시간에
떠 올린 그날들
눈 소복이 쌓이면
모두가 덮어질까

내일은 꿈 속에서
무엇을 따르는가
오늘도 저문 하루
넘는 해에 걸쳐진다

우리 엄니

참견 하러 나온 들녘 마음에 안 들고
원두막에 오르자 하니 어질뜨려 못 오른다
아이들 들어가라 쫓는 소리에 서운하다
평생을 이 들녘 몇 번을 드나들었나
세월이 저무니 원두막은 안 저물겠는가
아이들 부추겨 겨우 올라온 원두막
한눈에 보이는 들 여기 저기 내려다 보이고

마음에 안 드는 우리 논과 밭
무어라 잔소리 하면 귓전에나 담아둘까
나 여기 나왔다 투덜대는 아이들
늙으니 들리지 않아도 눈치만 느는구나
논에 피 뽑아야 하고 밭에 풀 뽑아야 하는 들
무엇하다 저 일 미루고 이 한 여름을 놀았나
한마디 잔소리에 망령으로 몰아 세우는 아이들

저것들이 뭘 알기나 하고 한 세월 묵었는 줄 아나
참외 넝쿨 걷이에 바쁜 이웃 일꾼들
우리 밭은 언제 걷어 무 배추를 심을까
하루라도 젊었으면 내가 할 것을

부채에 얹진 세월 근심 걱정에 처량하다
저무는 원두막 불어 오는 바람 다르고
길 듯 먼 쓰르라미 울음 또 한 세월 읽는구나

원두막 길

들어온 뭉게 구름
뒷산 넘어 멀어지고
매미 울음에 숨은 가을
가느란히 늘어진다

저무는 원두막
물 놀이의 아이들
이 냇물 차가우면
아쉬워 어쩌나

물 끼얹는 아이들
입술 퍼런히 즐겁고
뜸북새 뻐꾹새
고향 찾아 떠났다

작은 사랑

설레임의 그날도
먼 훗날의 오늘도
스치는 기억마다
하나 둘 흐려지고

아픔의 건너편
작은 그리움 하나
그 하나 모습 되어
눈시울에 앉는다

너무 먼 그리움
이제 지워야 하나
실가닥의 먼 옛날
끊어야 하나

잊은 것이 아니고
잃어버린 날
남긴 흔적 그대로
기다리지 않는지

서울 친구

친구야
팔월 이맘때 쯤이면
방학이 얼마 안 남았을 때였지
내일이면 서울 너의 집 간다는 너
너의 외할머니한테 이야기 들었어
그 이야기 듣고도 가는 것 못 보아 미안 했었지
부모님과 들녘 일 하느라 그럴 수 밖에 없었고

냇가로 들로 다녔던 곳 놀던 곳
나와 함께 지낸 여름 즐거웠는지
거미줄 떼어 매미 잡던 우리 집 울뒤
냇가에 뛰어들어 물 놀이에 고기 잡던 기억
그리고 흔들대는 원두막 위는 얼마나 무서웠었니
그 후 다음 방학 때 또 올까 기다렸었어
네가 좋아 했던 우리 누렁이 개도 많이 컸고

돌아보면 아득한 먼 옛날
노을도 그 노을 그 매미 울음 들리는듯
매미채에 붙은 매미 얼마나 몸 서리치며 울었니
그 세월 매미 채로 잡을 수있 다면

지금이라도 고향 찾아 잡아둘 것인데
끊긴 소식에 너의 모습도 잡을 수있 을까
시절의 그 시간은 왜 이리 멀어져만 가는지

노을의 가을

말복의 매미 울음
가을 문턱 두드리고
아침 저녁으로 다른 느낌
풀숲에 앉는다

며칠 후 보름이면
부채 내릴 가을인가
고향 기러기 어디쯤 오나
물러 서는 여름

이 여름 떠나는 날
나 그곳 찾아 가련다
고향 수수밭 찾아 가련다

귀뚜라미의 기억

귀뚜르르 귀뚜라미
밤새워 우는 밤
장독대 오르면 울다 멈추고
뜨락에 가만히 귀대어도 멈춘다

귀뚜르르 귀뚜라미
보름달 보는 밤
초가 뜨락 고요히 달빛 어리고
별 나라 바라보며 별 마중 나간다

귀뚜르르 귀뚜라미
은하수 찾는 밤
작은 별 모아 뜨락에 올려놓고
아가 별 찾아 엄마에게 전해준다

가을 맞이

절기의 밤으로
여름날 숨어들고
슬며시 가는 여름
귀뚜라미 바라본다

아직 머뭇대는
무더위의 이 여름
그 무엇이 아쉬워
돌아 보고 못 떠나나

냇가의 아이들
물 속에서 나오고
저무는 원두막 길
서늘하니 노을 진다

광복의 한숨

식민지의 그날
그 아픔의36년
백년이면 잊을까
천년이면 잊을까
죽어간 넋인들 어찌 잊을까

다 빼앗긴 그날
다 내어준 그날
더 무엇을 빼앗기고
더 무엇을 내어줄까
우리 이 민족 어떻게 살고있나

• 2부 •

하얀 이별

하얀 그 하얀 날
지우면 더 하얄까
더 하얄까 지워도
더 하얗지 않고
가슴 한 곳 상처만
그리움 꽃 피운다

미워 하면 더 하얄까
잊으면 처음 될까
미워 해도 잊어도
더 하얗지 않고
하얀 날의 그리움만
그 미련에 어린다

닭장의 추석

얼마 않있으면 다가 오는 추석
무엇을 사고 안 살 것이 어디에 있나
달걀 한 꾸러미는 겨우 주워 모았는데
대여섯 꾸러미를 언제 모으지
실 타래에 바늘 그리고 양잿물
이것을 사려면 더 모아야 하고
아이들 옷가지는 그만 두더라도

고무신 한 두서너 켤레 막내 놈 것 까지
누가 오면 손님 대접 또 무엇을 사야 하나
암닭 알 짓는 소리 수탉의 활개 짓
보리 겨에 풀 썰어 비벼 넣어주고
보리쌀 두 서너줌 더 끼얹으면 더 낳으려나
칠월 그믐에 팔월 초 철 없는아이들
우리 아이들 꼽는 손에 오늘 하루가 저문다

초가을

우리 초가 둥근 박 달맞이 하고
아침 저녁 서늘하니 찬 바람 스쳐간다
얼마나 더웠나 거두어야 할 붉은 고추
낮에는 뜨거워 무렵 찾아야 하는 일

멍석 위 반쯤 될까 언제 마를 고추인가
따고나면 또 붉고 붉어 따면 앞이 붉고
마당 한곳 멍석 가득 몇 영석 될까
뜨거운 들녘 벼 이삭 올라 오고

동부 팥 녹두 깨 아직 남은 여물 시간
해님이 초저녁 귀뚜라미 울음소리
언제 그 무더운 여름이었나
아직 뜨거운 날 봉숭아꽃 못 지운다

타향의 가을

길 많은 타향
이런 곳이 타향인가
보이는 높은 집
물 한 모금 얻을 곳 없고

목 축이려 둘러보니
닫힌 문에 삭막하다
어쩌다 마주 본 이
위 아래로 훑는 눈

내 몸에 뭐 묻었나
이 많은 이 다 누구요
걷어 올린 이 바지 깃
뭐 그리 구경났나

마음 굳혀 떠나 올때
산등성이에 오른 마음
사나흘 타향 살이
나 살던 곳 그립구나

마지막 산등성이
그 노을 보고 싶고
차갑구나 그 밤바람
나 어느 길 딛어 갈까

고향의 꽃

그 많은 고향의 꽃
어느 꽃을 떠 올릴까
철따라 피고 지고
그 다음이 있었는데

어렴풋한 기억이어도
떠 올릴 때면 뚜렸 했고
오늘 따라 떠 올리는
먼 옛날 고향의 꽃

나에게 언제나
희망의 꽃이 되었고
그리움에 찾아가면
약속의 꽃이 되었지

고향집

그리워 돌아보면
옛날이 펼쳐지고
밥 짓는 어머니
부엌에서 나온다

봄이면 봄
여름이면 여름
그리고 가을날
수건 두른 어머니

문간으로 텃 밭으로
하루가 없던 어머니
부엉이 우는 밤
다듬이질 하신다

들국화의 꿈

여름이라 하기 보다
가을도 그렇고
가을이라 하기에
아직 무덥다

그 며칠에 아침 저녁
언제 더웠었나
서늘하니 찬 바람
음지에 부니

밤으로는 귀뚜라미
쉬지 않고 운다
기다림의 들국화
옛날의 그꽃

들국화의 언덕배기
이제 가을인가
기다림의 그 내음
언제 피려나

기다리는 깊은 가을
가을 더 깊어라
기러기 날으는 날
그때 피겠지

가을 아이들

들로 냇가로
여름은 방학이 있어
그런대로 좋았는데

일 많은 가을
즐거워도 걱정 된다
짊어지는 지게의 짐

가난의 아이
하루 종일 일을 했고
지쳤어도 해야 했다

뼈저린 아픔
그 인생을 배우던 날
짊어진 짐 어찌할까

허기에 울고
가르침에 또 울었다
가혹한 삶 어린 인생

무엇을 보고
또 무엇을 더 배울까
다시 그 길 돌아본다

회고의 노을

그 세월 이 인생
누구의 인생이
이 길과 같을까
돌아본 그 길도
가야 할 앞길도
딛으니 더 짧고
허공에 놓인다
후회의 길 딛어
이곳에 오기를
무엇을 얻으려
여기까지 왔나
마음 부끄럽고
세월이 시리다
열갈래의 이 길
어느 길 딛었나
석양에 물든 길
발걸음 무겁다
더 가야 하는 길
끝이 어디인가

절기의 일기

사흘이 멀다 하고 바뀌는 온도
어제의 여름이 단 하루에 가을 되나
빠르다 하더니 이것이 세월이고
눈 녹은지 엊그제 찔레꽃 피고 지고
굴뚝 모퉁이의 나물바구니는 그 시간을 아는지

원두막 그늘 그 며칠에 철새 울음은 어떠 했나
그 철새 울음 들리는 듯 흐려지는 듯
부채질 몇 번에 그렇게 떠난 여름인가
뜨락에 봉숭아꽃 시들어 낙화 되고
한 곳에 줄기 잎 병들어 가엾다

절기의 맞춤인가 기온의 느낌인가
아침 저녁으로 서늘하니 꺼내야 할 긴 소매 옷
한낮에 걷어 올려 아침 저녁으로 내려야 할 옷
우물둥치의 물에 손 담그니 어느새 차갑다
저 뭉게 구름 흩어지면 높은 하늘 더 푸르겠지

가을 바다

그 여름은 그렇게
그렇지 않았는데
이 가을 오늘은
지난 여름과 다르다
안 보였던 섬 보이고
더 먼 곳의 작은 섬
그때 보았어도
기억에 없는 것일까
볼 수록 멀어지는
또 하나의 작은 섬
저 섬은 누구의 섬
누가 살고 있는지
파도는 아나 알 수 있을까
그 흔적 잃어버린
다시 찾은 이 작은섬
오르는 파도는
무엇을 그리 휩쓰는지
밀려와 휩쓸고
다시 밀어 덮어놓고
큰 파도 들어와
하얀 거품 뿌린다

가을 뜨락

봉숭아 병들고
채송화 늘어졌다
늘어져도 피는 꽃
떠난 여름이 아쉬웠나

병들은 봉숭아
언제였던 여름인가
곱띠 고운 그 세월
누구의 꽃이였고

지붕 위 둥근 박
달맞이에 설레임
앞 뒤뜰 맨드라미
봉숭아 바라본다

가을의 약속

먹을 것 많은 아이들
어른에게는 풍년이다
날아드는 참새 떼
어느 논에 앉을까
허수아비 무서워
이리 저리 눈치 보고
한곳은 훠이 훠이
눈치의 참새 쫓는다

수수밭 길 건너
메뚜기 잡는 아이들
내일은 뒷동산의
알암 주워 오겠지
감나무의 빨간 홍시
누구의 돌팔매에 맞을까
하늘 높이 새털 구름
참새 떼 바라본다

찬비

담쟁이의 돌담길
그 옛날 찬비의 길
이 길 딛어 한 걸음
어디로 가야 하나

펴든 우산에 젖는 마음
접어 들면 안 젖을까
가을비에 젖는 마음
젖는 것이 무엇인가

우산에 가려진
알 수 없는 길
찬비에 젖는 몸
마음까지 젖어든다

가을 그리움

하늘은 그대로
옛 하늘이것만
잃어버린 산과 들
다 어디 갔나

놀던 곳 다녔던 곳
우리 엄마 목화밭
참새 떼의 그 고향
다 어디 갔나

하늘 높이 새털 구름
더 높이 흩어지면
가을바람 불어와
수수잎 노래 하고

높고 낮은 기러기 울음
서산 넘어 멀어지면
메뚜기 꾸러미 손에 들고
논길 따라 뛰어 왔지

그리워라 동무의 얼굴
검둥 개 마중의 길
뒷산 길 큰 밤나무
주머니 가득 알암 떨어지네

가을 마음

산과 들이 알리는 마음
오늘도 아니고
어제의 마음도 아니다
손꼽아 기다리는
기다림도 아니다

그저 텅빈 가슴 한곳
채워야 할 그리움만 가득
무엇을 잃었는지
잃은 것만 같고
흐려진 기억만 스쳐 간다

그 옛날을 잃었는지
어제를 잊었는지
무엇을 찾으려
바라보는 하늘인가
걷는 길 코스모스
또 한 걸음 더 멀어진다

가을밤

그날 실은 보름달
마루 끝에 어리더니
지붕 위에 떠올라
모두를 넣어 비췄다

기울어 잃어버린
엊그제의 보름달
오늘은 캄캄한 밤
별만 서로 반짝였다

마루 끝 그리움
밤기러기 서로운 밤
엄마 별은 찾았는데
나의 별은 없었다

가을 구름

흩어진 새털 구름 하늘 높아라
앞산 넘는 비늘 구름 들녘 따라 들어오고
참새 떼 이리 저리 논 두렁 넘나든다
요술장이의 오늘 구름 내일 다시 찾아 줄까

여름날 뭉게 구름 위 기와집 흩어지고
뉘엿뉘엿 저녁 나절 서쪽 하늘 물들인다
기러기 떼 산 넘는 밤 달빛 어린 뜨락의 밤
구름 뒤 동무의 얼굴 언제 나와 웃어 줄까

가을 사랑

마음 빼앗는 이 가을
빼앗긴 그 마음인가
무엇을 잃었는지
다 잃은 것 같고
찾아온 그리움
실가닥에 매달린다

잊혀진 그 옛날
잃어버린 둘만의 길
믿음의 길 잃으면
약속의 길도 잃는건가
멈춤 없는 이 가을 길
꽃 속에 숨은 얼굴

어디쯤서 멈춰서면
그 모습을 찾을까
아름다웠던 날의
아련한 그 행복
이 가을 하늘 높이
구름 위에 없는다

가을 그날

그날을 남기고 그렇게 떠난 사랑
옛날은 그 사랑을 잊지 않았는지
추억에 못 잊어 찾아 나서는 길
그리움 따라 가면 찾을 수 있을까

누가 부르는 것 같아 돌아 보면 아닌 모습
머무르면 찾아 줄까 이제 그만 잊어야 하나
믿고 찾는 이 가을 길 잃어버린 그 행복
나 아직 남은 미련 기다림의 꽃 피우는데

• 3부 •

그 하늘

가을 길 들꽃의 길
나무가쟁이 감아 오른
빨간 메꽃 수줍고
또 한곳 코스모스
가냘피 한들댄다

어디쯤서 멈춰 섰나
바라보는 파란 하늘
새털 구름 더 높아라
잃어버린 꽃 이름들
어찌 이 꽃을 잊을까

없어도 보이는 듯
고향 들녘 펼쳐지고
지금쯤 그 참새 떼
누구의 논에 찾았는지
수수밭 위 고향 하늘
그 깜부기에게 묻는다

기억의 가을

가을 보릿고개에 다랑이 논 바라보던 날
고개 숙이는 풋벼에서 배고픔을 배웠고
수수목 바라보며 하늘 높이 흩어진
그 새털 구름에게 서러움을 배웠다

세상이 변한다 하여 가을 하늘도 변할까
넉넉하고 배부르다 하여 그날들을 잊을까
마음은 잊었을지언정 굵은 손 마디는 못 잊었고
웃음으로 보는 그 파란 하늘도 날마다 못 잊었다

피어나는 가을 꽃 밤하늘의 그 별들
꽃에서 보는 그 가을 가을밤이 그날을 어찌 잊을까
참깨밭 둑의 그 꽃에 별자리도 그대로다
지나온 짧은 세월 허기의 그 시간이 얼마나 길었나

지레먹이 벼 베어 그네에 훑는 어머니
배고프다 젖 달라 칭얼대는 막둥이
그 참깨밭 옆 녹두밭에 녹두 튀어 떨어지고
가을 볕에 영그는 벼 그 추운 겨울을 준비 했다

메뚜기의 하늘

메뚜기의 가을 하늘
가을 하늘 더 높아라
들녘 지나는 새털 구름
참새 떼 모으고
책 보자기 멘 아이들
메뚜기 따라 뛰어 간다

무서운 허수아비
참새 떼만 무서울까
곧 쫓아 올 듯
섬짓 멈춘 아이들
안 무서운 메뚜기 떼
이 논 저 논 넘나들고

누가 많이 잡았나
누구의 꾸러미가 더 많은가
메뚜기 꾸러미 든 아이들
해 기우는 줄 모르고
서로 많다 자랑 하며
수수밭 길 지나 온다

소라의 가을

여름날 꽃 여몄던
해당화의 가을인가
억새꽃에 빼앗길
소라의 그날인가

빈 껍데기 소라의 꿈
파도에 휩쓸리고
아직 먼 억새의 꽃
소라의 꿈 기다린다

휩쓸린 소라의 꿈
꿈 빼앗을 억새꽃
지워진 해당화꽃
그 열매에 묻는다

가을 강

찾아온 강 언덕
강바람에 여름은시원 했는데
가을 강의 가을 바람은
왜 이리 쓸쓸하기만한 것인지
씨앗 매달고 늘어진 풀
퇴색 되는 나뭇잎들
이 가을 더 깊으면 단풍들 것이 아닌가
그러면 억새꽃 피어 바람에 눕고
잃어도 얻어도 강물에 녹은 세월
누구의 시간을 저 강물이 빼앗았나
흐르는 강물 위 건너는 구름 산 넘고
인생 띄워 바라보니 거스르지 못한다
강물에 마음 섞어 바라보는 강
석양의 이 인생 나 어디에 데려 왔나

사람

때 되면
그렇게 왔다
그렇게 가는 것을
사람의 마음은 하늘과 같고
아침 저녁 그 마음 기후와 같다
초목이 계절을 어떻게 거역 할까
초목과도 같은 몸 나 아는 이 누구요
내가 아는 그 사람도 초목과 같지 않은가
숨기고 아닌 것 처럼 아니면서 그런 것 처럼
누가 누구를 어디까지 알고 누구를 누가 얼마나 아나
같은 시간 같은 세월 그 하늘 순리에 다 그렇게 따르다가
길고 짧은 운명의 날 그 가을날에 내려놓고 눈보라에 덮힐 것을

하얀 시간

지나보면 모두가 그림이 되는 것을
하루 한 시간이 얼마나 길었나
삶에 매달려 바라보던 시간들
하루 해 넘기기를 그렇게 힘들었고
시계 바늘 돌리는 그 시계의 시계 추 보다
그 오늘 삶에 무게는 몇 곱이나 더 무거웠다

내일을 바라보고 여기까지 온 세월
시계 바늘이 멈추면 함께 멈춰 쉬렴만
멈추지 않는 시계 바늘이기에 쉴 수도 없었다
욕심에 짓눌리고 비교에 끌려온 인생
어찌 쉬고 편안한 날이 있었겠는가
며칠의 몸은 쉴 수 있어도 마음은 그렇게 쉬지 못했다

되 돌아보는 인생 단 하루라도 편안한 날이 없었던 날
힘든 것이 일뿐이겠는가 날마다 마주보는 사람이 더 힘들었다
이제 모두가 하얀 그림으로 남아야 할
그 하얀날의 얼룩은 무엇으로 지우나
찢어진 회상 한곳 붙일 수 없이 떨어져 나갔고
하얀 그림의 그날만 얼룩져 남아 있다

추석날

즐거운 아이들
어른도 즐거울까
겉으로는 즐거워도
웃음 밖 근심이다
어머니 시할머니
그리고 내 아이들
속썩이는 큰 시누 하나
그 한 몫에 더 걱정이다

이 집 온지 십 수년
그 잘 보냈다는 시집이
이 모양 이 꼴인지
처음은 그렇게 남 부럽지 않았는데
갈 수록 기울어 근심 걱정이 늘어 가니
이것이 속은 세월 팔자요 운명이 아닌가
아버님은 몇해 전 그렇게 돌아 갔고
이제 남은 것이 집터 말고 또 무엇이 있나

모이니 좋기는 한데
큰 시누 시집 살이를 더 해야 한단 말인가

보냈으면 그만이지 왜 이 집에 또 왔나
그동안 그 시집 살이가 모자라 더 시키나
쫓겨온 주제라 어머니 말 못하는 것인지
그전 같으면 편 들며 두둔 했을텐데
그 버릇 못 버려 눈에 거슬린다
그래도 말 못하고 못 보고 못 들은 척

내 아이도 에미 편 큰 시누 싫어 한다
철 없는 막내 놈 고모 이제 고모네 집 가
그 소리에 가슴 뜨끔 하지도 않은지
흰 머리의 어머니 그 그늘 그저 찾는다
이 추석 명절 작년 같으면 집안 싸움이 났을 것을
그래도 올해는 다들 조용히 웃는 낯이다
오늘 지나 내일이면 다들 떠날 것인데
쓸쓸한 집 이 가을 큰 시누 그냥 눌러 앉을려나

추석 반세기

신장로 위 그 하늘
찾아가도 볼 수 없는
마음의 고향인가
반세기의 그 고향
여기가 어디인가

보름달 안 그 고향
늙은 몸에 그려보는
꿈 속의 고향인가
기억의 이 늙은 몸
감춘 눈물 흐른다

추석의 하늘

올려보는 추석 하늘
저 흩어진 새털 구름
누구의 것이었나
더 멀리 바라보면
고향이 보이고
불어오는 가을바람
그 시절로 데려간다

타향 창 밖 보름달 안
저 보름달 안 동무들
누가 먼저 부를까
머리 위 보름달 안
그 시절 그리고
어서 오라 함께 가자
내 동무들 뛰어온다

동무의 노래

그리워라
나 여기 왜 왔니
타향의 서로움
네 노래 듣고 싶구나 눈물만 흘러

너의 노래
내가 흉 보았고
내 노래 흉본 너
우리 그때 무슨 노래 많이 불렀지

그 노래들
틀려도 좋았고
맞으면 더 좋고
부끄러워도 그렇게 불렀었잖니

봄이면 봄
여름이면 여름
그리고 가을 날
겨울은 추워서 양지 찾아 다녔고

꿈이어라
모두 꿈이었니
다 꿈이었었니
동무야 소식 주렴 나 잊지 않았지

풀벌레의 밤

이 한밤 우는 것이 풀벌레뿐이겠나
평생을 보고 듣고 흩어진 마음
귀 닫고 눈 감으니 그 마음 모아진다
문밖 나서 하늘을 보아도
들어와 누워 천정을 올려 보아도
홀로의 허공에 무엇이 스쳐 가나

그래도 밤하늘은 별도 있고 달도 떴다
캄캄한 방 샛불 하나에 매달린 마음
밤하늘 별 보다 더 많은 날 떠오르고
잃어버린 그날까지 밤벌레와 함께 운다
다 잊어도 못 잊은 날 버렸어도 찾아온 날
지새우는 밤벌레의 밤 별만 서로 반짝인다

가을 일기장

뒷산 길 내려오며
서산 바라보던 날
저무는 나의 길 보다
그 기러기가 가엾었고
보일듯 더 멀어지는 듯
멈춰서 바라보노라면
날개 짓에 그 울음
눈에서 더 멀어졌지

여운의 그 기러기
얼만큼 가야 하나
그 노을의 서산마루
기러기 끝 울음 멎을쯤
서산 마루의 그 노을도
기러기 따라 가버렸지
지워진 노을의 길
그 기러기 다시 올까

인생살이

당신은 누구이십니까
당신은 당신을 아십니까
처마 끝 제비집을 보았는지요
왔다 가는 한세상 존재는 나 하나
보는 이웃이 당신을 어떻게 보던가요
부모 형제 일가 친척은 어떻고요
없어서 찾아 갈때 있어서 찾아 올때
그 표정들을 보셨나요
그 말 한마디에 시기 질투심을 느껴 보셨는지요

고달픈 운명의 길
당신의 몸을 얼마나 돌보았는지요
타고난 것인지 운명이 그런 것인지
원망과 탓을 하지 않으셨는지요
풀잎의 이슬 처럼 피었다 지는 꽃처럼
그 잠깐 왔다 가는 나 하나의 존재
필요하지 않으면 짐이 되는 존재
거짓 정에 매달려 얼마나 고생 하셨나요
끝은 나 하나 그렇게 떠나는 것을요

가을 들녘

덥다 하는 그 여름의 약속인가
뜸북새의 고향 참새 떼 날아들고
수수밭 옆 멀리 황금 물결 이룬다
봄부터 저 들녘이 있기까지
보람의 황금 들녘 가을 하늘 더 높아라
여기 저기 새 쫓는 소리 허수아비의 잠 깨운다

가을 바람에 참새 떼의 즐거운 들
아이들 나뉘어 메뚜기 따라 뛰는 들
길목 한곳 코스모스 가냘피 한들대나
벼베기 끝나 바닥 들어나면 어쩌나
메아리에 실리던 작년의 궁굴통 소리
그때 처럼 그렇게 가느란히 들리겠지

그 가을

뒷산 내려오는 길
툭 하는 소리
떨어진 밤 한 톨이
왜 그리 반가운지
오는 길 수수밭 위
하늘 한 번 올려 보면

수수밭 멀리
노란 들녘 펼쳐 졌고
바라보는 그 먼 들녘
우리 논만 있었겠나
참새 떼 쫓는 소리
뉘집 어른이 그리 쫓았는지

그 가을 더 깊어
단풍 곱게 물들던 날
석양에 노을저
은하수 길 펼쳐질 때
낮이 뜬 밤 기러기 떼
서산 넘어 갔었지

잃어버린 장터 길
어머니의 저물던 길
마중 나가 보따리 받아 들면
그리 좋아 했던 어머니
오늘도 부르는 것 같아
그 뒷산 길 찾아간다

가을 길

바람 쓸쓸히
꽃에게 빼앗긴 마음
가을 꽃은 그렇게
마음까지 빼앗는 것인지

시드는 꽃잎
주저 앉은 풀잎새들
매달린 씨앗마저
어제 오늘을 빼앗아 가고

저무는 샛길
하루 해가 짧아진다
다 빼앗기며 걷는 길
더 무엇을 빼앗겨야 하나

사람의 길

이 넓은 세상
보는 눈은 넓었는데
눈에 담으니 좁지 않던가요
좁아져 다시 보면 더 좁아져지고요

딛어온 그 길
발 딛은 길이 아니라
알 수 없는 운명의 그 길이요
지나오고 가야 할 길 잘 보이던가요

욕심의 세상
넓은 세상 좁아지고
길도 열갈래 길 어떠한지요
아니면 딛은 외길 끝이 보이던가요

목화의 기억

날아드는 참새 떼
누구의 논 찾아드나
뒷산 오르는 아이들
어른은 들녘으로
막둥이 또래 꼬마 아이
메뚜기 따라 뛰어 가고
수수밭 위 파란 하늘
새털 구름 수놓는다

목화밭의 우리 엄마
소쿠리 가득 딴 우리 엄마
그 하얀 날에 하얀 목화
두 해 모아온 솜인가
올해 이 목화 따 합치면
보따리에 얼마나 될까
큰 딸 아이 보낼 솜에
막둥이 이불이 걸린다

못화에 담긴
우리 엄마의 그 긴 겨울

모으고 모은 솜 슬며시 나뉘니
걱정 되는 눈치의 솜
안 쓰일 곳이 어디에 있나
엄마의 길 걸어야 하는 엄마의 큰 딸
그 철 없는 것이 뭐 알기나 할까
팥밭 녹두밭 녹두 꼬투리 비틀리고
휘어진 수수목 엄마의 손 기다린다

가을 사랑

이름을 잊었어요
모습도 그렇고요
억새꽃에 빼앗긴
이 언덕 껍데기 마음
그 옛날 찾으면
채울 수 있을까요

채울 수 없어 찾은 언덕
그리움 다가오고
보내야 하는 그리움
보내야 하는지요
억새꽃 찾은 옛날
울고만 있어요

• 4부 •

억새꽃의 미련

못 잊을 그 옛날
하늘에 올리고
떠오르는 옛 모습
구름 위에 얹는다

구름 따라 가는 모습
그날처럼 돌아서나
그리워 바라보면
더 멀리 멀어지고

아름다운날의 미소인 듯
돌아 보는 것 같다
더 멀어 지워지면
어떻게 그려야 하나

미운 날의 그 행복
이제 지워야 하는지
아름다운 그 옛날
이 억새꽃에 묻는다

가을

이 가을처럼
몇번의 가을인가
가을도 이제 옛 가을이 되었고
고향의 그 가을 추억 따라 가버렸다
바라보는 들녘 보며 배부르던 날
숙여진 수수목 내 한 두곱 키 높이
얼마나 높았나

밭둑 언저리
그 봄의 찔레꽃이
빨간 열매 매달아 가을 볕 쬐고
새하얀 억새꽃도 바람에 누웠었지
앞 뒷산 울긋 불긋 단풍 물들었고
단풍 잎 따 모으며 들녘 바라보면
누런히 황금 들녘

추억의 가을
그 가을 어디 갔나
그림으로 보아도 그 가을 없고
하늘만 그 하늘 기러기 떼만 나른다

내년에 찾으면 그 가을 찾을까
입 언저리 벌겋게 홍시 먹던 날
그 단맛을 어찌 잊을까

메뚜기의 노을

양지 녘의 벼 이삭
이 다랑이 논 가운데
우리 논이 몇 마지기나 될까
아직 더 영글기는 조금 더 멀고
몇알 훑어 깨물으니 제법 실히 영글어 간다

날아드는 참새 떼
하루 배 채우려 하니
저리 날아들 수 밖에 더 있나
찾는 참새 떼도 먹고 살아야지
논 언저리에 앉아 보는 눈 풍년이어도 걱정

몸에 붙은 메뚜기
이 눈 마주친 메뚜기
세월이 모르는 가르침인가
털어 날려 보내니 다시 붙는다
실수로 붙었나 내년 걱정의 가르침이었나

열 손가락 접는 셈
볏 가마니 줄어들고

다시 펴 접으니 더 줄어든다
잘 못된 셈인가 욕심의 셈인가
해 기울어 오는 길 어머니 생각에 걱정 된다

단풍의 일기

고향
마음의 고향
그 옛날 찾아
뒷동산에 오르니
이맘때쯤 들녘이
한눈에 들어온다
무엇을 얻으려
그 뒷동산을 찾았는지
주머니 가득 알암 한 줌
욕심에 더 주우려
밤나무 밑마다 다 헤쳤다

벌 무섭고 뱀 무서워
조심스레 헤치는 숲
언제인가 한 번은
나무 위에 뱀이 있었고
땡벌집 건드려 쏘이기도 했다
벌 무서워 뛰어 가다
찢어뜨린 고무신
찢어뜨렸다 그 다음 걱정

어떻게 말을 할까
삶은 계란에 날 잡힌
그 소풍날도 즐겁지 않았다

여러 날에 모으고 모은 밤
두서너 됫박 될까
고무신 찢은 죄에 마음 무겁고
내려 오는 뒷산 길목
해질녘의 빨간 단풍
그 빨강 노란 단풍 얼마나 예뻤나
이 잎 따모으고 저 잎 따모으고
벌레 갉은 빨간 단풍은 속 주머니에 넣었다
단풍에 꿈 담아 먼 훗날에 묻은 마음
지금 오늘이 그 먼 훗날의 그날인가
그 억새꽃 차인 들꽃 한눈에 들어온다

가을의 그날

가을에게 배운 인생
살어보니 그대로였고
예고의 가르침도
그렇게 맞아 갔다
주워본 낙엽에서 무엇을 배웠나

쥘 것 없는 하늘 보며
그 허무함을 배웠고
바라보는 들녘에서
배고픔을 배웠다

흐르는 저 구름
가는 곳이 어디인가
산 넘어 안 보이면 그만인 것을
흐르는 구름 보며 운명을 배웠고

아침 저녁의 가을바람
옷깃에 스며드니
솔음 돋는 살갗에서
추운 것을 배웠다

음지가 가리는 양지
바라보는 앞산도
서 있는 이 자리도
얼마전 그렇게 양지였것만
해 기울어 그림자 드리우니
처지가 바뀐다는
그 깨달음을 배웠다

이 개울가의 차가운 물
떠내려온 낙엽에서
시간을 배웠고
값은 자리 들여다 보며
삶의 그 자체가
고통이라는 것을 알았다

태어나 죽는 것이
별다른 것인가
구름 덮힌 밤하늘과
무엇이 다를까
그 캄캄한 밤이면
모두가 다 끝이인 것을

고향의 별

볼 수록 더 많은 별
나의 별이 있을까
셀 수록 더 나온 별
누구의 별이 될까

외로워 찾은 뜨락
별자리 모으는 밤
어제 모은 저 큰 별
그리움 따다 주고

멀어지는 작은 별
어떻게 다 모을까
외로움의 밤하늘
눈시울만 뜨겁다

10월의 약속

찔레꽃의 그 봄도
봉숭아의 여름도
언제였던 세월인 듯
시월의 이 가을 무엇을 약속 하나

산과 들 높은 하늘
단풍에 새털 구름
곡식에 풀숲의 씨앗
누구를 위해 맺고 익혀야 했었고

시간에 움추리고
세월에 주눅드니
늦 가을 바람 쓸쓸히
이 마음 빼앗아 어디로 데려간다

먼 가을

잃은 줄 알았던
고향의 가을
이맘때 되면
그 가을만 있겠나

봄부터 여름까지
모두 모여 찾아들고
흐려진 동무의 모습까지
연줄에 매달린다

뒷산에 올라
바라보던 누런 들녘
단풍잎 따 모아
내려 오던 수수밭 길

밤이면 수많은 별
초가 지붕위 둥근 박
보름달이 비추는
장독대 우물둥치

보름달의 뜨락까지
내 고향을 어찌 잊을까
놀던 곳 그 곳은 웃음의 것이었고
찾았던 곳 힘들던 곳
그 곳의 모두는 눈물의 것이었다

안녕의 가을

잊을 것 처럼
잃은 것 처럼
차라리 못 잊는다
그렇게 말할 것을

못 잊어 보고
안 잃어 보고
마음 속 깊은 이곳
무엇을 찾아 보나

쓸쓸히 걷는
그리움의 길
차이는 낙엽 주워
그 모습 떠올린다

파도의 가을

그리워 찾은 바다
바람 쓸쓸히 불어오고
저 먼 섬의 그리움
파도 따라 들어온다

언제인가 찾은 바다
그날도 오늘 같이
바람 불어었는데
해당화꽃 여미던 그날이었나

지고만 해당화꽃
빨간 열매에 숨은 약속
해당화 언덕의 억새꽃
하얀 거품 바라본다

장터의 가을

벼 이삭 누런히 고개 숙이고
벼베기의 날 가까워
내놓을 반찬 걱정 된다
품앗이에 다닌 집
그리 반찬이 좋던데
벼베는 날의 우리 집은
무엇을 내놓아야 하나

부끄럽지 않게 내놓을 반찬에는
비린내 나는 생선 꽁댕이가 좋은데
김 구워놓고 그리고 또 뭐있나
고기는 아이 아범이 몇근 사올 것이고
모은 돈 몇푼에 계란 꾸러미
좀 모자라면 쌀 됫박이나 낼까
내일이 장날인데 무엇을 살까

아침 일찍 다녀올 장 준비 하고 나서니
가는 길 웅달녘 이슬에 차이고
한 바퀴 돌아본 장 살것이 너무 많다
돈이 있어야 많이 사고 쌀 말이나 펐어야 많이 사지

이리 저리 둘러본 장 마주친 눈 부끄럽고
돈 몇푼에 생선 꽁댕이 그리고 김 서너톳
나머지는 이 돈으로 어림도 없다

둘러 보는 장터 안 눈 안의 아쉬움
그 잠깐 약 장사 입담에 웃고 돌아섰지만
벼베기의 날 반찬에 걱정이 앞선다
아이 아범 술 먹고 고기 못 사오면 어떻게 하나
저물녘 뒷산 길 저녁바람 불어 오고
사람 마주칠까 장터 길 옆 돌아오는 길
가벼운 생선 꾸러미 노을에 젖는다

어머니의 길

그 가을이 또 왔나
앞산 기슭 단풍잎 곱게 물드는구나
찔레꽃 피던 자리 그 자리도 그렇고
찔레꽃에 속은 세월 손가락 밖 몇해인가
그 세월 나의 외갓집은 어떻고
친정 없는 외갓집에 찔레꽃 따라온 이 집

탓 하기 보다 운명이기에 받아들일 수 밖에 없었나
저 산 기슭 찔레꽃에 다시 속아야 하는지
자고나면 달라지는 마음 누구에게 말을 할까
흉 한 번 덮어 쓰고 아이 데리고 떠나면 그만인 것을
남은 세월이 짧다면 이 몹쓸 마음이 생겼을까
멀고 먼 운명의 길 산 넘는 기러기 멀어져만 가는구나

억새꽃 여행

차창 밖 산과 들
저 아름다운 산과 들이
아름답기만 했을까
산이면 산 바다면 바다
지나는 들녘마다 옛 가을 같고
이 몸이 여행 하는 것이 아니라
그 시절이 여행 한다

멈춰선 차창 밖인가
눕는 억새꽃에 눈길 못 떼니
옛 우리 밭둑 억새꽃에 넋이 나가나
이맘때면 그 단풍에 그리 쓸쓸히 피었던지
바다를 지나면 고향 섬의 어머니
이사온 산골에 그 들녘은 안 그렇겠나
억새꽃에 묻힌 마음 남 몰래 펼쳐 본다

가을 냇가

한여름 풀숲들 그렇게 푸르더니
물부터 차갑고 풀잎마다 시든다
가을 더 깊어 낙화의 꽃은 어떠할까
씨앗에 남은 꽃 서리 내릴까 두려운지
못다 핀 꽃 추운 꽃 여미고 있다

누운 억새꽃 억새꽃은 안 추울까
그날이 그리운 듯 바람 멎기를 기다리고
놀던 고기 올려 보며 양지녘 찾는다
삐뚤은 징검다리 니끼 입은 징검다리
누가 딛어 어디로 가야 할 이 징검다리일까

물도 바람도 멎지 않아 차갑고
때 잃은 꽃 낙화에 그 한 세월 돌아본다
때 되면 이렇게 다 잃어야 하는 건가
풀잎의 빗방울 이슬 같이 맺히더니
이제 젖어 들어 그 바닥에 눕힌다

가을 슬픔

바람 부는 양지녘 억새꽃 눕고
이슬 마른 풀잎마다 시들어간다
시드는 것이 풀잎뿐이겠는가
그 시간이 모은 세월
저 풀잎과 무엇이 다를까
시도 때도 다 놓치고 하루 해에 없는 인생
호칭 없는 그냥 사람 누가 나에게
젊은 호칭을 붙여 주겠나
그것도 아닌 욕심 늙은이라 하지 않겠나

웃으니 예쁠까 울으니 예쁠까
젊음은 그래도 모두가 예쁜데
예쁜 것은 그만 두더라도
냄새 난다 하면 어떻게 하나
내가 맡아도 그런데 또 그럴 것이고
씻고 가꾸어도 속일 수 없는 세월
양지녘 저 억새꽃 따뜻하기만 할까
오늘 따라 올려본 하늘 구름 한점 없고
이 마음 구름 되어 단풍의 먼 산 넘는다

일생

돌아 보면 부끄럽고
바라본 날 그날 같다
그날 같은 단 며칠
그렇게 가야 하나

고향의 양지

추워 찾은 양지 여름날 뜨거웠고
따뜻한 봄날 그 여름 기다렸다
여름날 그 잠깐 언제 기다렸더냐
철새 찾아와 떠나는 줄 모르고

부채 쥔 날이 며칠이었던가
삼복에 숨은 그 차가운 날
떠난 철새의 비웃음이었나
벗은 옷 입으니 양지가 부른다

이 가을 그런대로 뜨거운 양지
더 깊어 겨울 오면 어떻게 하나
춥고 배고픈 날 양지녘에 의지 했고
그림자 비켜서면 다시 떨어야 했다

바다의 뜰

고향 앞 바다 바다의 뜰
갯벌 드나드는 쉼터라하여
조상이 붙인 이름 바다뜰이라 했나
밀물 들어와 썰물 따라간 세월
바다뜰의 그 해당화 몇번 피고 지었나
해당화 그늘에 앉자 썰물 기다리는 어머니
썰물 기다리며 꿰멘 바구니에 실밥 뜯던 어머니
바닷바람 시려우면 바위의 양지 찾았고

썰물에 갯벌 드러나면 차가운 개흙에 시려운 발 딛었다
먼 섬 가까운 섬 더 멀리 가물대는 섬
가물대는 더 먼섬은 어머니가 태어난 외갓집 섬이었고
이 바다뜰 이곳은 나 태어난 나의 섬이었다
물때 기다리는 바다뜰의 어머니 썰물에 밀물 그날이 그날인가
썰물 따라간 세월 외갓집 한 번이라도 찾았는지
들려오는 파도소리 밀물 알리느라 갈매기 맴돌고
우리들 걱정의 어머니 한 걸음에 달려온다

억새꽃 바람

이맘때면 찾는 언덕
언제인가 여름날
그리 시원 했었는데
이제는 쓸쓸히
옷깃에 스며야 하는 건가

늙는 억새꽃들
다른 한곳은 그대로
나를 기다리는 듯
돌아서지 못 하는 마음
쓸어 안아야 했다

다시 찾을 내년 될까
마지막의 오늘일까
이 억새꽃 남기며
되 돌아서는 마음
바람만 쓸쓸히
옷깃에 스며든다

찔레의 가을

오르는 이 산 기슭
무엇 찾아 왔나
양지에 응달녘
단풍 곱게 물들고
빨갛니 찔레 열매
하얀 봄날 잠 재운다

기슭 모퉁이의 억새꽃
그 봄날에 찔레꽃
하얀 날에 하얀히
함께 하얗었것만
이 가을 그 찔레꽃
빨간 열매가 돼야 했는지

찔레 열매에 숨은 봄날
억새꽃 바라보고
이 기슭의 억새꽃
누가 찾아 줄까
억새꽃 쓸쓸히
찔레 열매 바라본다